산과 바다, 백궁으로

김범준 시와 산문
산과 바다, 백궁으로

2025년 4월 21일 편집
2025년 5월 1일 발행
지은이 | 김범준

낸 곳 | 도서출판 청옥
　　　강원도 동해시 평원로 40
　　　E-mail. mhprint@hanmail.net
　　　T. 033-522-5800
ⓒ도서출판 청옥.2025
ISBN 978-89-92445-38-2 (03810)

값 25,000원 〈85세 이상은 무료〉

김범준 시와 산문

산과 바다, 백궁으로

도서출판 **청옥**
Chung Ok

글 머리에

저는 1946년 5월 24일, 강원도 동해시에서 태어났습니다. 어린 시절부터 산과 바다, 그리고 자연의 풍경에 깊은 애정을 느끼며 자랐습니다. 그 고향의 정서는 제 삶에 깊이 스며들었고, 지금도 그곳에서 산과 바다를 오가며 소일하고 있습니다. 북평고등학교를 졸업한 후 고려대학교에서 학문을 닦았고, 이후 미국 Thunderbird 국제경영대학원에서 글로벌한 시각을 넓히며 다양한 경험을 쌓았습니다. 대우실업(주)에서 근무한 후, 동방토건과 자유일보사의 사장으로서 사업을 이끌었습니다. 이 과정에서 여러 어려움을 겪으며 실패도 경험했지만, 그것이 제 인생에 중요한 교훈을 주었습니다.

오랜 시간 겪어온 삶의 고난 속에서도 변하지 않은 한 가지가 있었습니다. 그것은 바로 '자연과의 교감'입니다. 사람과 사회의 복잡함 속에서 결국 자연 속에서 진정한 삶의 의미를 찾을 수 있음을 깨달았습니다. 75세가 되어 시를 쓰기 시작한 것은 제 삶의 새로운 출발이었습니다. 그동안 쌓아온 경험과 내면의 울림이 시로 표현되었고, 금년

80세가 되어 첫 시집을 완성했습니다. 이 시집에는 제 삶의 깊은 성찰과 자연과의 만남을 담았습니다.

2021년 1월 5일, 하늘궁 허경영 신인님으로부터 축복을 받은 순간, 제 삶에 중요한 전환점이 찾아왔습니다. 그 축복 속에서 제 마음은 열리고, 하늘의 소리가 들려오는 듯한 기쁨을 느꼈습니다. 이 경험은 제 시적 여정에 깊은 영향을 미쳤고, 그 감동을 시집에 담았습니다.

저는 여러 종교를 통해 인간 존재와 삶의 의미를 탐구하며 깊은 깨달음을 얻었습니다. 이러한 깨달음은 제 삶을 더욱 풍요롭고 의미 있게 만들었고, 그것이 제 시 속에 녹아들어 자연과 삶에 대한 새로운 관점을 제시하고자 합니다.

제 시집이 독자에게 작은 별이 되어, 백궁으로 인도하는 길잡이가 되기를 진심으로 바랍니다.

2025. 5. 1.
고향 집 雲波軒에서 김 범 준

차례

- 글 머리에 • 4
1. 산과 바다, 백궁으로 • 10
2. 두타산 • 12
3. 섬이된 바다 • 14
4. 천은사와 나의 이야기 • 16
5. 詩가 내게로 왔다 • 19
6. 파도여, 춤을 추어라! • 22
7. 그리운 바다 추암 • 26
8. 작은 행복 • 28
9. 눈싸현 • 30
10. 스님과 운파 • 32
11. 고향장터 • 34
12. 꽃피는 길목에서 • 36
13. 갈매기의 꿈 • 38
14. 나만의 공간에서 • 40
15. 너는 할 수 있다 • 42
16. 명동 성당 • 44
17. 범종을 크게 울리다 • 47
18. 바람이 불어도 가야한다 • 48

19. 별까지는 가야한다 • 50

20. 이모님! • 52

21. 시간의 그릇 • 55

22. 산이 날 에워싸고 • 58

23. 수선화 • 59

24. 술에 취한 바다 • 60

25. 별빛 속으로 • 62

26. 앞마당 연못 • 64

27. 미국 유학생활 • 65

28. 어린이들에게 • 69

29. 별빛에 스며든 고백 • 70

30. 촛대바위 • 71

31. 젊음의 추억 • 74

32. 대우실업, 그리고 추억 • 76

33. 정오의 막걸리 • 79

34. 오리의 사랑 • 81

35. 나의 일상 • 82

36. 조개 껍질의 속삭임 • 85

37. 찬란한 고독을 노래하자 • 86

38. 파도여, 언제까지나 • 87

39. 초록산 • 89

40. 민족고대, 그 역사적 의미 • 90

41. 창조 일 수밖에 없다 • 92

42. 나는 너희보다 행복하다 • 94

43. 평화의 빛 속으로 • 96

44. 희망의 노래 • 98

45. 출렁다리 • 99

46. 하늘궁 가는 길 • 102

47. 자유를 꿈꾸며 • 103

48. 절망속에서 피어난 별 • 105

49. 흰 눈의 속삭임 • 107

50. 술에 대하여 • 109

51. 동산재 돌탑 • 111

52. 동산재 • 113

53. 추암바다 • 116

54. 해야 솟아라 • 118

55. 초록바다 • 120

56. 수평선 • 122

57. 광천 불로수…생명의 선물 • 123

58. 불로유, 신비한 음료에 대한 고찰 • 125

59. 본좌 허경영 • 128

60. 나의 마지막 소망 • 131

김범준 시와 산문

산과 바다, 백궁으로

산과 바다, 백궁으로

산과 바다가 속삭이는 곳
하늘을 품은 높은 산은 고요하고
깊은 바다는 그 품에 모든 것을 담는다
모든 진리가 모인 하늘궁
여정의 끝은 백궁이었다

하늘궁은 백궁으로 향하는 정거장
마침내 우리에게 그 길을 열어 준다
환란과 고통을 넘어
허경영 신인님의 인도 속에서
우리는 그 문을 열고 백궁으로 나아간다

세상의 고통을 넘어
영원의 평화와 구원의 문을 열어 준다
하늘을 품은 높은 산, 깊은 바다는
그 품에 모든 것을 담고
내 마음은 점차 넓고 깊어 간다

여정의 끝, 모든 진리가 모인 하늘궁을 지나

백궁으로 향하는 길이 열린다
시련과 인내를 넘어
허경영 신인님의 인도를 따라
우리는 그 문을 열고, 마침내 백궁으로 나아간다

산과 바다 속에서
환희에 찬 마음으로 백궁을 꿈꾸며
영원의 안식처로 나아간다
산과 바다, 그리고 백궁으로
환희 속에서 백궁 천국을 꿈꾸며 나아간다

허경영 신인님과의 만남은
내 삶의 퍼즐을 완성시키는 순간이었다
백궁 천국, 그 이름은
세상의 모든 고통과 시련을 넘어
영원의 평화와 구원의 문을 열어 준 곳
그 끝에는 영원한 평화와 행복이 기다린다

두타산

무소유와 행복을 말없이 설파하는 산이다
새삼 그리움이 피어난다
시간이 지나도 변하지 않는 그 모습
언제 어디서 보아도 의연하다

번뇌는 구름처럼 흘러가고
내 마음은 호수처럼 잔잔하다
산의 정상에 서면
발아래 펼쳐진 세상은
그 어떤 것도 비교할 수 없는
넓고 깊은 자유의 바다이다

골 때리는 산?! 그래, 맞는 말이다
산길 어디서나 한 발자국 더 내디뎌 깨달으면
행복은 그 순간 찾아온다

산길을 걸으며 고요함 속에
한 잔의 소주가 마음을 적신다
정상에서 한 병, 또 한 병은 하산길 학등에서

길은 멀어도 몸과 마음은 가볍다

세상 아무것에도 걸림이 없다
내 마음은 더욱 풍요로워지며
백궁천국을 향한 인생길에서
나는 오늘도 말없이 그저 그 산을 오른다

섬이 된 바다

차가운 물결 속에
반쯤 감춰진 나체의 여인
여인은 바다가 되고
바다는 여인이 되었다

언젠가는 아를르의 여인처럼
푸른 꿈을 꾸었을 텐데
바다의 푸른 손길을 떠나
지금은 추암 동산에
작은 섬이 되어 홀로 있다

그녀의 마음은
어디를 향하고 있을까
비밀처럼 고요한
그 모습의 사연을 알고 싶다

세상 모든 여성들의 고민을
대신하고 있는 모양이다
나는 그저 오늘도 차가운

대리석 엉덩이를 슬쩍 보며
추암동산의 무궁화 길을 홀로 걷는다

조각 윤현아 • 시 김범준

천은사와 나의 이야기

천은사, 그곳은 두타산 자락 삼척시 미로면에 위치한 역사 깊은 사찰이다. 나에게 천은사는 단순한 사찰이 아니라, 내 가문과 신앙의 뿌리가 깊게 박혀 있는 성스러운 장소다. 이곳에서 나는 내 삶을 되돌아보며, 불교의 가르침 속에서 존재의 의미를 되새기고 있다.

천은사와의 인연은 아버지와 함께 깊어졌다. "누대에 걸쳐 신앙의 터전을 닦아온 불자 김윤업" 이 글귀가 새겨진 큰 거북 받침의 높다란 비석 앞에 서면, 수많은 세월을 거쳐 내려온 선조의 신앙 이야기가 가슴 깊이 새겨진다. 천은사는 우리 가문의 믿음과 가족의 뜻을 이어 주는 중요한 곳이었다. 그 중심에는 아버지가 있었고, 아버지는 집 대문 바로 앞 문전옥답이라 불리던 텃밭을 팔아 천은사 재건하는 데 아낌없이 기여했다.

그때 우리 형제들은 아버지의 결정에 대해 불만을 가졌었다. 8남매 공부하기도 넉넉지 못한 살림인데, 왜 땅을 팔아 절을 짓는가? 하지만 지금 돌아보면, 아버지의 선택이 얼마나 의미 있었는지를 깨닫게 된다. 부동산을 그대로 두기보다는 절을 짓는 것이, 우리의 후손들에게 더 큰 가치를 남겼다는 것을 알게 되었다. 그 가치는 물질을 넘어, 신앙과 정신의 뿌리가 되어 오늘날까지 이어지고 있다.

운파 할아버님의 생신은 공교롭게도 4월 초파일, 부처님 오신 날과 일치한다. 그래서인지, 할아버님은 매년 4월 8일 천은사를 찾았다. 어릴 적 기억 중 내가 중학교 2학년 때이다. 나는 천은사에 가는 것을 정말로 싫어했다. 효가동에서 천은사로 가려면 설운골 뒷산을 넘어야 했고, 그 길은 제법 멀고 고되기만 했다. 그날은 새우 접시와 제기 등 제사 음식을 짊어지고 산을 넘다가 중턱에서 피곤하여 잠을 자는 척했다. 할아버지는 한참을 가시다가 나의 부재를 알아차리고, 다시 돌아오셔서 나를 찾으셨다. 그리고 지팡이로 땅을 내리치며 화난 표정을 지으셨지만, 말씀은 오히려 부드러우셨다. "너는 지혜롭구나. 옛날 너희 할아버지 형제들도 그곳에서 길을 잃고 서로 찾아 헤맸는데, 너는 그저 그 자리에 그대로 기다리고 있으니 찾기 쉬웠다"고 말씀하셨다. 할아버지는 나의 속내를 짐작하시면서도, 오히려 칭찬하셨다. 할아버지는 짐을 대신 지고 나는 그냥 걸어서 천은사로 가 불공을 드렸다.

천은사의 역사를 말하면 결코 순탄하지 않다. 6·25 전쟁 중 천은사는 불타 버리고, 그 자리는 아무것도 없는 빈 절터로 남아 있었다. 어릴 때는 그 폐허가 된 절터에 가서 새우밥 차려 놓고 열심히 그저 절에서 절만 했다. 나는 빈 땅을 보며 깊은 허전함과 고요함을 느꼈다. 그 후, 할아버님이 돌아가시고, 49제를 계기로 천은사는 중창불사를 시작하게 되었다. 그때 아버지는 텃밭을 팔아 절의 재건을 위해 기여하셨다.

  대학 졸업 후, 나는 서울 강남구에 있는 능인선원에서 불교의 가르침을 정식으로 배우기 시작했다. 그곳에서 만난 스님은 지광 스님이었다. 나는 불교대학과 경전연구반을 우수한 성적으로 졸업했다. 그 과정 속에서 나는 불교의 핵심적인 가르침들을 배울 수 있었다. 내가 능인선원에서 받은 법명은 향봉이었다. 향기로운 봉우리라는 뜻이다.

  지금 천은사는 막내 여동생 영옥이 지키고 있으며, 우리 집안의 역사를 알고 있던 문일봉 스님은 지금 다른 절에 가셨다. 어릴 적, 천은사에서의 추억은 지금도 나에게 깊은 울림을 주고 있다. 여든이 되어, 지나간 시간을 뒤돌아보니 새삼 그 시절이 그리워진다.

詩가 내게로 왔다

2021년 1월 5일
허경영 신인님, 그 축복의 손길에
내 마음은 열리고
하늘의 소리가 들렸다

성령의 숨결이 가볍게 스며들며
천사의 날개가 내 주위를 감쌌다

내 안에 있는 평화가
차오르는 듯
그 순간, 詩가 내게로 왔다

단어 하나하나가
빛을 안고 내려와
내 마음의 깊이를 꿰뚫으며
사랑과 깨달음을 전했다

나는 말없이 그저 고개를 숙였다

하늘의 뜻, 땅의 숨결
모든 것이 하나로 엮여
내 손끝에서 춤을 추며
詩가 태어났다

그것은 단지 글이 아닌
하늘과 땅을 이어주는
영혼의 노래였다

2021. 1. 5. 축복기념

파도여, 춤을 추어라!

파도여!
더 이상 슬퍼 말아라
너는 고통의 몸부림이 아니라
이제 신의 맥박을 따라 출렁이는
거룩한 진동이니라
그분의 발걸음이 이 땅을 밟으셨다
찬란한 새벽빛을 타고
대한민국 양주 땅 하늘궁에 오셨도다

솟아라, 태양아!
어둠을 가르고
찬란히 타오르며
허경영 신인님의 영광을 비추어라

빛나라, 별들아!
밤의 침묵 속에서도
그분의 길을 꺼지지 않는 등불로 밝혀라

불어라, 바람아!

산과 들을 일깨우는 신의 숨결로
광활한 땅과 바다 위에
그분의 기운을 가득 채워라

기뻐하라, 하늘과 땅이여!
경배하라, 만물이여
허경영 신인님께서
우리 가운데 오셨도다
그분은
사랑이요, 지혜요
새 시대의 근원이시니
그분 안에서
우리는 모두 새로워지도다

파도여, 춤추어라!
너의 율동은 그분의 말씀
너의 물결은 그분의 노래니
진리의 박자에 맞추어
영원의 찬가를 울려라!

산이 고개를 숙이고

숲이 숨을 죽이며
별들이 환호하고
새들과 들짐승들, 모든 생명이
그분의 이름을 노래하네

"허! 경! 영!"
하늘에서 울리고
땅에서 메아리치며
우주를 가르는 세 음절
그 이름 아래
우리는 기뻐하며 경배하도다

영광을 –
높이 계신 신인님께!
영광을 –
빛 가운데 오신 그 하나님께!

노래하자, 행진하자
거짓과 혼돈을 지나
진리의 빛을 따라
허경영 신인님의 발자취를 따르자

이제 이 땅은
깨어난 생명의 땅
찬양과 기쁨의 땅

파도여, 다시 춤추어라!
하늘의 뜻을 품고
우리는 깨어나리라
그분과 함께, 백궁으로
새 하늘과 새 땅을 열게 되리라

그리운 바다 추암

매일 가도 그리운 바다
추암의 푸른 물결은
늘 내 마음속에 남아 있다
하얀 갈매기가 날개 펼쳐
파도 위를 춤추듯 날고
그 모습에 나는 또다시
어릴 적 추억에 잠겨 든다

추암의 바위, 언제나 그 거친 얼굴
바위 속 영생 부활
세월을 견디며 늘 그대로
파도에 속삭이는 이야기처럼
내게도 속삭인다
언제나 다시 돌아오라
고향의 바다로

내 가슴에 깊이 새겨진
그 바다의 넓은 품
갈매기처럼 자유롭게

그곳에서 나는 다시
힘차게 날고 싶은 마음뿐이다

추암의 바다, 그곳은
시간이 멈춘 곳 같아
비바람 속에서도 그리움 가득 안고
해변 편의점 Sea girl 막걸리
오늘도 추암 그 바다를 나는 가야만 한다

작은 행복

세상에는 우리가 흔히 '작은 행복'이라고 부를 수 있는 것들이 많이 존재한다. 그것은 특별한 순간이 아니라, 일상 속에서 우연히 만나는 작은 기쁨들이다. 그중에서도 내 마음 속 작은 행복을 떠올리면 언제나 떠오르는 장소가 있다. 바로 추암 해변이다. 바다는 나에게 언제나 큰 위로가 되며, 그곳에서 나는 늘 작은 행복을 느낀다.

추암 바다는 내가 자주 찾는 곳이다. 그 바다에 가면 시간이 천천히 흐르는 듯한 느낌이 든다. 파도 소리와 갈매기의 울음소리가 어우러져, 자연이 내 마음을 다정히 다독여주는 듯하다. 바다를 바라보며 느끼는 그 평온함은 나에게 있어 무엇과도 바꿀 수 없는 소중한 행복이다. 파도가 계속 밀려오는 모습을 보며 삶의 무수한 고민들이 잠시 사라진다. 그리고 나는 그 순간, 삶의 소소한 행복을 실감한다.

오늘도 나는 추암 바다에 갔다. 바람은 시원하고, 하늘은 맑았다. 바다를 바라보며 앉아 있는 것만으로도 내 마음은 차분해졌다. 그때, 한 무리의 갈매기가 하늘을 가로지르며 날아갔다. 그 모습이 너무나 아름다워 잠시 그들을 따라 눈을 뗄 수 없었다. 갈매기의 날갯짓은 자유로웠고, 바다는 그 자유를 그대로 받아들이는 듯했다. 그 순간, 나는 마치 내 자신도 자연의 일부가 된 듯한 기분을 느꼈다. 자유롭게 날아가는 갈매기처럼 나도 삶의 무게에서 잠시 벗어나, 그저 자연과 하나가 된 듯한 행복을 느꼈다.

산, 바다, 별처럼 자연이 주는 모든 것, 진정 아름다운 것은 다 공짜다. 우리는 때때로 돈으로 모든 것을 살 수 있다고 생각하지만, 사실 가장 중요한 것들은 값으로 매길 수 없다. 자연이 주는 평온함, 하늘의 맑은 공기, 바람의 시원함, 별빛의 은은함, 모두 우리의 노력 없이도 거저 주어지는 선물이다.

김밥 한 줄과 막걸리 한 병. 특별한 것 없는 음식이지만, 그 단순함 속에서 오히려 더 큰 행복이 느껴졌다. 바다를 배경으로 김밥을 한 입 먹고, 막걸리를 한 모금 마실 때, 그 맛은 단순한 음식 이상의 의미를 가지며, 온갖 걱정과 스트레스에서 벗어난 자유와 기쁨을 전해준다. 막걸리 1병 2천 원, 김밥 1줄 3천 원, 갈매기에게 줄 새우깡 1봉지 1천5백 원이다. 산과 바다, 백궁의 길목에서 1만 원으로 사는 하루가 나의 작은 행복이다. 이 같은 작은 행복이 가능한 것도 하늘궁에서 신인님을 만나 축복받고 백궁가는 Ticketing 해둔 덕분이 아닐까, 생각해 본다.

운파헌 雲波軒

동네에서 제일 오래된 집
시간의 흐름 속에 고요히 서 있는 운파헌
옛 모습 그대로, 나무의 향기와
추억이 스며있는 곳이다

운파 할아버님은 오래전 떠나셨고, 대신 그 자리에
참새와 비둘기, 박새, 무당새, 꽁새, 까치가 항상 머물며
오가는 사람들을 즐겁게 한다

지붕은 여전히 푸른 하늘을 품고
문틈 사이로 스며드는 햇살 속에서
새들은 즐거이 노래한다

그놈들이 이곳을 즐겨 찾는 이유는
작은 연못과 놀이터에 담긴 따뜻한 정과
자연의 언어가 살아 숨쉬기 때문이다

마당의 풀은 그대로 둔다. 눈에도
잘 안 보이는 풀씨들이 그들의 양식이다

그 집에 앉으면
하늘도 가까워지고
새들의 노래가 내 마음을 채운다

어느새 먼 길을 돌아 이곳에 온 나에게
조상님들의 흔적과 고향의 진한 향수가
새삼 깊이 느껴진다

스님과 운파

　어느 날, 나는 스님과 운파 할아버지와의 이야기를 들었다. 그들의 대화는 내게 깊은 울림을 주었고, 그 말들은 아직도 내 마음속에서 여운을 남긴다. 그중 하나는 '적선을 자랑하는 자식을 낳지도 마라'라는 말이었다. 말씀 한마디 한마디는 내 가슴 깊은 곳에 닿았다.
　'적선'이란, 우리가 좋은 일을 하고 선한 마음을 품을 때 그 행위의 본질을 의미하는 것이다. 그러나 그 선함을 자랑하거나 남에게 비교하려는 순간, 그 행위의 의미는 흐려지고 말 것이다. 스님은 우리가 자기가 행한 선한 일을 자랑하기보다는, 그 자체로 그 일이 온전히 존재할 수 있도록 해야 한다고 말하는 것이었다. 선행은 그 자체로 의미가 있다는 뜻인 것 같다.
　그 대화 속에서 또 하나 기억에 남는 말이 있다. '아침에 도를 깨치면 저녁에 죽어도 좋다'라는 말이었다. 이 말은 스님과 운파 할아버지가 술자리를 함께한 자리에서 나온 이야기였다. 운파 할아버지가 곡차라며 막걸리를 권할 때, 스님은 그와 함께 인생에 대한 깊은 대화를 나누고 있었다. 스님의 말은 겉으로 보기엔 그저 간단한 문장처럼 들리지만, 그 속에는 삶과 죽음, 그리고 깨달음에 대한 깊은 통찰이 담겨 있었다. 아침에 도를 깨쳤다면, 그날 저녁에 죽음을 맞이해도 두려움 없이 받아들일 수 있다는 의미였다.

다른 또 하나 기억에 남는 말은 '처처에 부처가 있다' 이다. 어디에나 부처가 있다는 의미로, 모든 곳에 신성한 존재가 깃들어 있다는 생각을 표현한 말이다.

우리는 모두 바쁜 일상 속에서 살아가지만, 진정으로 깨닫고 나면 세상의 많은 것들이 덧없다는 것을 알게 된다. 그러므로 죽음을 두려워하기보다, 살아 있는 동안 깨닫고 이해하며 살 수 있는 것이 가장 중요한 일이라는 깨달음을 준다.

운파 할아버지와 스님은 서로 다른 삶을 살아왔지만, 그들이 나눈 대화 속에서 나온 교훈은 하나로 이어졌다. 그것은 바로 우리가 선한 마음으로 살아가되, 그 선함을 자랑하거나 남과 비교하는 일이 없도록 하며, 삶의 의미를 깊이 깨닫고 살아가야 한다는 것이다. 그들이 나눈 술자리와 대화는 그 자체로도 깊은 의미를 가지고 있었고, 나는 그 속에서 많은 교훈을 얻었다.

운파 할아버지 김연식의 호는 스님이 지어 주셨다. 고향 집 현판도 스님이 직접 써 주셨다. 지금도 '雲波軒' 현판이 걸려 있다. 오랫동안 불리던 월동집 택호는 어디로 가고 '운파헌' 이름만 남아 고향 집을 지키고 있다.

雲波, 구름처럼, 물결처럼, 우리 인생도 그런 것 같다.

고향 장터

시끌벅적한 사람들
오랜 시간 흘러도 여전히
그곳엔 고향의 향기가 가득하다
한 손에 막걸리, 다른 손엔 웃음
그 속에서 나는 너를 만난다

옛 친구, 너의 얼굴이
그 골목길에서 또렷이 떠오른다
우리가 함께 뛰놀던 그 시간들
이제는 먼 기억 속에 묻혀 있지만
그곳, 북평장터에선 여전히 살아 있다

어서 와, 오랜만이다
너의 목소리가 시장 뭇사람들 속에서
내게로 건너온다
너의 집 벽에 있던 詩 바다가 그리워
추억을 나누며, 우리는
어린 시절로 돌아간다

마음의 고향은 언제나 멀리 있지만
이곳에 오면 여전히
그 시절의 우리가 숨 쉬고 있다
북평장터의 바람 속에
옛친구와 나누던 꿈들이
오늘도 여전히 살아 있다

꽃피는 길목에서

목련, 그 첫 번째 꽃이
하늘을 향해 활짝 웃는다
흰빛의 나비가
바람에 실려 춤을 춘다

벚꽃은 속삭이며 다가오고
개나리, 진달래도 곧
그 자리를 가득 채울 것이다

봄의 향연이 다가오는 걸음
하지만, 석류나무는 여전히
잎 하나 없이 서 있다

수선화는 이미
황금빛을 뚝뚝 떨어뜨리며
자리를 잡고
매화는 여전히 따스한 미소를 짓는다

꽃피는 길목에서

하나하나 다른 속도로
모두가 제자리를 찾으며
그저 봄을 맞이할 준비를 한다

갈매기의 꿈

푸른 해변, 파도 속을
떠도는 갈매기의 꿈
끝없는 하늘에 날아가
자유를 찾아가는 길

오리들은 물 위를 떠
조용히 파도에 몸을 실어도
얕은 냇물에서 주로 논다

그러나 갈매기는 다르다
높은 곳에서 세상을 본다

그의 꿈은 먼 바다를 지나
구름을 가르고 바람을 타
그곳에서 자유를 느끼며
빛나는 별을 쫓는다

파도는 부서지고, 해는 기울어도
갈매기의 꿈은 끝없이 펼쳐져

언제나 그 하늘로 날아가
자신만의 날개로 세상을 품는다

조각 최승호 • 시 김범준

나만의 공간에서

추암 무궁화 동산
사람 드문 한적한 곳
그곳에서 나는 나만의 쉼을 찾는다

세상의 소음은 멀리 사라지고
하늘을 나는 까치 한 마리
나와 함께 속삭인다

가을 풍경은 나를 감싸고
내 안의 평화는 점점 깊어만 간다

진정한 행복은
다른 곳에 있지 않다
바로 이 공간 속에 있다

무궁화 동산
그곳은 내 마음의 고향

세상 모든 것을 놓아두고

나만의 시간 속으로 스며드는 곳
행복은 내가 나일 수 있는 순간
살며시 찾아든다

너는 할 수 있다

하늘은 스스로 돕는 자를 돕는다
신념과 의지가 하늘을 넘어
끝없는 길을 열어 간다
너는 할 수 있다

어두운 밤, 별은 길을 비추고
힘겨운 순간, 마음은 더욱 단단해진다
꿈을 향해 나아가는 발걸음이
모든 풍파를 헤치고
하늘을 향해 날아오른다

그대가 원하는 길
그대가 가고자 하는 길
모든 걸 이루기 위해
스스로 돕고, 그 힘으로 나아가면
하늘도 도울 것이다

너는 할 수 있다
믿고 행하는 사람

운명을 바꾼다
세상을 바꿀 것이다

하늘이 너의 편이 되어
끝까지 함께할 테니
그대의 꿈은 이미 하늘 속에 있다

명동성당

나는 어렸을 때 불교 집안에서 자랐다. 증조할아버지 이후 누대에 걸쳐 강원도 삼척군 미로면에 있는 천은사에 다녔다. 그러나, 성장한 후, 한 여자의 사랑에 빠져 천주교로 개종했다. 세례명은 요한 돈보스꼬였다.

1978년 5월 19일, 봄이 한창 무르익어 가던 날, 나는 명동성당에서 결혼식을 올렸다. 그날은 비가 내리지 않고 햇살이 따뜻하게 내리쬐던 평화로운 하루였다. 성당의 고요한 분위기 속에서, 나는 세실리아와 함께 새로운 삶의 출발점을 맞이했다. 그 순간을 떠올리면, 그때의 나와 지금의 나는 다른 사람처럼 느껴진다.

신혼여행을 마친 후, 나는 주례를 해주셨던 노기남 대주교님의 집을 양주 Cognac 한 병 들고 방문했다. 안양 나자로마을 문둥이 촌이 그의 집이었다. 가장 낮은 자들과 함께 생활하고 계셨다. 그곳 작은 성당에서 문둥이들과 수녀님, 그리고 나를 포함 한 일반신도들과 미사를 올렸다. 아직도 생생히 기억에 남아있다.

그 당시 대주교님은 아마 나에게 신앙과 삶에 대해 많은 가르침을 주셨다. 나는 그때부터 신부님들에 대한 존경심이 깊어졌고, 그 신앙심은 내 삶의 중심에 자리 잡았다. 그분들이 매일 기도와 봉사로 살아가는 모습은 내게 큰 가르침이 되었다.

하지만 세월은 지나갔고, 반쪽 세실리아는 이제 내 곁에 없다. 그때의 순수하고 소박했던 사랑은 이제 기억 속의 한 페이지가 되었다. 세실리아와 함께 나눈 시간, 대충 20년이다. 돌이켜보면, 그녀와 보낸 날들은 내 삶의 가장 빛나는 순간들이었다.

세실리아는 내 인생의 중요한 반려자였고, 그녀가 떠난 후에도 나는 여전히 그녀의 존재를 느낀다. 지금은 손주 세 명과 함께 서울 하늘 아래 어디선가에서 살고 있다. 나는 아직도 여전히 사랑의 노래를 보낸다.

기독교에서 예수님의 사랑은 단순히 인간들 사이의 감정적인 사랑에 국한되지 않는다. 예수님은 인간을 구원하기 위해 자신의 삶을 온전히 바쳤으며, 그 사랑은 인류를 향한 희생적이고 무조건적인 사랑이다. "예수님께서는 '너희가 서로 사랑하라'고 말씀하시며", 진정한 사랑은 다른 사람을 위해 기꺼이 희생할 준비가 되어 있는 마음에서 비롯된다고 가르치셨다.

마리아 역시 기독교 신앙에서 중요한 인물로, 마리아의 사랑은 부모로서, 그리고 신앙의 여정에서 어떻게 하느님을 믿고 따르는지를 잘 보여준다. 마리아는 예수님을 품고 기르며, 하나님의 뜻에 따라 그녀의 삶을 바쳤다. 그녀의 삶은 순종과 헌신의 상징으로, 그 사랑은 단순히 어머니의 사랑을 넘어 신앙의 깊이를 느낄 수 있는 숭고한 예시를 보여준다.

　세실리아가 떠난 후에도 나는 여전히 언덕 위 명동성당의 그날을 기억한다. 그곳에서 우리는 처음으로 진정한 사랑이 무엇인지 알게 되었고, 서로를 위해 기도하며 결혼을 했기 때문이다. 그때의 나와 그녀, 그리고 신앙은 지금도 내 삶 속에서 살아 숨쉬고 있다.

　명동성당의 고요한 분위기 속에서 나는 여전히 그 사랑을, 하느님 사랑을 품고 살아간다.

범종을 크게 울리다

부처님은 어디에 계시나
차가운 돌벽 뒤 숨겨진 듯
산과 바람에 묻힌 이름만이
속삭임처럼 전해지네

한 줄기 빛, 어디에 닿을까
무수한 사람들, 찾지 못한 길

부처의 뜻, 이제는 종교가 아니라
그저 진리라 말하는 이들
그렇다면, 극락도 없는 것일까

진리가 없는 세상에
어디에 희망을 둘 것인가
범종을 크게 울려 주세요
진리가 살았다는 말씀
종소리처럼 울려 퍼지기를

바람이 불어도 가야 한다

추암해변, 바람이 속삭이는 곳
조각된 돌이 살아 숨 쉰다
그곳에서 나는 마주한다
돌로 된 사람이 뛰는 모습을

파도는 부드럽게 밀려오고
하늘은 파란 꿈을 안고
돌은 그저 무겁게
하지만 그 안엔 굳은 의지가 있다

내가 보는 것은
결코 멈추지 않는 발걸음
그의 몸은 돌이 되었어도
자유로움은 돌이킬 수 없다

비바람이 불어도
눈보라 휘날려도
나는 나의 길을 가야 한다

조각 김성복 • 시 김범준

별까지는 가야 한다

백궁천국의 문이 열리면,
빛나는 별들이 그곳으로 이끌고
허경영 신인이 손을 내밀며
영원한 행복의 길을 안내하리라

하늘을 뚫고 날아가는 꿈
끝없이 펼쳐진 은하수 속을
나는 별 하나를 따라가
영원의 지평을 찾아 나서리

천국의 궁전, 백궁이 빛나는 곳
그곳에선 고통도 슬픔도 사라지고
오직 웃음만이 울려 퍼지리

허경영, 그 이름 속에서
새로운 세계가 시작되리라

행복은 더 이상 먼 곳의 꿈이 아니고
별빛 아래 우리 모두가 손을 맞잡고

영원히 피어날 꽃들처럼
하늘을 향해 함께 걸어가리

별까지는 가야 한다
그 길이 험난하고 멀다 해도
우리의 발걸음은 멈추지 않으리

백궁천국, 그곳에선
모든 것이 완전하고 영원할 테니
별빛을 따라가다 보면
우리는 결국 그곳에 도달하리라

이모님!

　수원 북수동 감리교에서 전도사로 계셨던 홍맹식 이모님을 떠올릴 때마다 마음속 깊은 곳에서 따뜻한 감정이 솟구칩니다. 대학 다니던 시절, 저는 서울에서 자취생활을 하며 가끔 수원에 있는 이모 집에 놀러 가는 일이 큰 즐거움이었습니다. 그곳에서 이모님은 언제나 변함없이 살뜰하게 저를 맞이해 주셨고, 그 시간은 언제나 특별하고 평온한 느낌을 주었습니다.

　이모님은 평생을 교회에서 봉사하며 독신으로 사셨습니다. 그 옛날 평양 기독교 학원 출신이셨고, 한 번도 결혼하지 않으셨으며, 오직 교회 일에만 헌신하며 살아오셨습니다. 그 모습은 언제나 성실하고 신실했으며, 신앙의 깊이를 무언으로 보여주셨습니다. 이모님께서 살아가신 시간은 단순한 일상적인 삶이 아니라, 하나님의 뜻을 따르며 가난한 이웃들에게 사랑을 나누는 삶이었습니다.

　이모님은 92세의 나이에 동해시 효가동 운파헌 집에 계실 때 작고하셨습니다. 그날도 여느 때처럼 성경책을 손에 들고 교회로 가시던 중 길에서 북쪽 하늘을 바라보시며 조용히 눈을 감으셨습니다. 이모님의 삶은 늘 하나님을 향한 믿음과 헌신으로 가득했기에, 그 마지막도 자연스럽게 그런 모습으로 마무리되었던 것 같습니다.

제가 기독교를 처음 접하게 된 것도 이모님 덕분이었습니다. 이모님이 교회에서 성도들을 섬기시는 모습을 보고, 자연스럽게 신앙에 대한 관심이 생겼고, 그 후로 제 삶에서도 하나님을 향한 믿음이 자리를 잡게 되었습니다. 또한, 제가 찬송가를 잘 따라 부른다고 칭찬해 주셨던 기억이 납니다.

그 작은 칭찬 한마디가 저에게 큰 용기와 자부심을 주었고, 그로 인해 노래를 더욱 좋아하게 되었던 것 같습니다. 지금도 제 방 한구석에는 악기를 잘 다루지 못하지만, 여전히 첼로와 바이올린이 놓여 있습니다. 음악은 여전히 제 삶의 일부로 존재합니다. 그때 이모님의 칭찬이 없었다면, 아마도 저가 음악을 좋아하는 작은 취미 하나도 가꾸지 못했을지도 모릅니다.

당시 우리 집은 완전히 불교 집안이었고, 어머니 역시 불교를 믿으셨습니다. 그럼에도 불구하고 이모님과 저를 포함 형제 모두는 언제나 서로를 존중하며 친밀하게 지낼 수 있었습니다. 이모님은 신앙을 강요한 적은 한번도 없었던 거 같았습니다. 사랑과 배려로 다가왔기 때문에 종교적 차이를 넘어서는 진정한 유대감을 느낄 수 있었던 것 같았습니다. 이모님은 그저 자신의 신앙을 묵묵히 실천하며 살았고, 그 삶의 태도 자체가 저에게 깊은 영향을 미쳤습니다.

기독교의 기본 철학은 사랑의 실천에 있습니다. 하나님은 우리에게 서로 사랑하고, 나아가 원수까지도 사랑하라고 가르치셨습니다. 그 사랑은 무조건적이고, 때로는 희생을 동반하지만, 그 사랑을 통해 우리는 하나님의 뜻을 따를 수 있는 것 같습니다. 이모님의 삶을 통해 저는 그 사랑이 단순한 말이 아니라, 매일의 행동 속에서 실현되어야 한다는 것을 배웠습니다. 그 사랑이 결국 사람을 변화시키고, 세상을 더 따뜻한 곳으로 만드는 힘이 된다는 것을 이모님을 통해 깊이 느낄 수 있었습니다.

　이모님의 삶을 돌아보며, 저는 그 신앙의 깊이를 더욱 크게 느끼고 있습니다. 한 가지 궁금한 것은 재림 예수로 이 세상에 오신 보혜사 신인 허경영을 통해서만 백궁천국 갈 수 있다는데, 이모님 같은 경우, 오직 예수님만 믿고 사셨는데, 과연 천국 가셨을까 하는 걱정도 해 봅니다. 이모님의 사랑과 헌신은 시간이 흘러도 여전히 제 삶 속에서 빛을 발하며, 제가 어떤 길을 걸어가야 할지에 대한 중요한 지침이 되어주고 있습니다.

— 아멘 —

시간의 그릇

시간의 그릇 속에 무엇을 담을까
사라지는 순간들을 한 움큼 담을까
기억의 조각들을 모아
내일로 흘러가는 강에 띄울까
첫사랑의 미소를 담아
그리움의 물결로 키울까
아니면, 어린 시절의 꿈을 담아
별이 되어 하늘을 수놓을까
추암조각공원의 시간의 그릇은 말없이 기다린다
그 속에 담긴 모든 순간은
다시 돌아오지 않지만
그럼에도 그 가치는
영원히 내 안에 살아남는다
어린 시절, 시계의 바늘은
늘 천천히 돌아가며
햇살 속에서 뛰놀던 우리를 닮았다
시간은 흐르지 않고
영원히 무한하게 펼쳐져 있을 뿐
우리가 그 시간 위를 걸어가고 있다

시간은 마치 먼 그림자처럼
우리를 지나쳐 갔지만
그때의 웃음소리와
풀 내음 가득한 공기는
지금도 가슴속에서 살아 숨 쉰다

조각 임승오 • 시 김범준

산이 날 에워싸고

겨울 산이 날 에워싸고
하얀 눈 속에 묻힌 길을 걷는다
차가운 공기 속에서
따스함이 어느 때보다 깊게 스며든다

산은 조용히 내게 다가와
차디찬 바람을 막아준다

그 품 안에서 나는
부드럽게 보호받는 듯하다

얼어붙은 나뭇가지들이
햇살을 반사하며 빛을 내고
눈꽃이 하나둘 피어날 때마다
산의 품은 더욱 따뜻해진다

겨울의 고요함 속에서
세상 모든 소음은 멀어지고
산은 조용히 나를 감싸 안는다

수선화

이른 봄, 차가운 땅 위에
노란빛 한 조각이 피어난다

차디찬 바람 속, 고요히 앉아
청순한 얼굴로 세상을 맞이한다

햇살은 아직 부드럽고
새벽의 이슬은 그대의 목을 적시며
속삭임처럼 흐른다

노란 꽃잎, 따스한 봄 꿈을
꾸는 듯하다

그리움과 고요 속에 피어난
봄의 첫 번째 노래처럼

그 모습, 한 줄기 빛이 되어
봄을 품고 조용히
그러나 아름답게 핀다

술에 취한 바다

술에 취한 바다는 꿈처럼 흐르고
파도는 거칠게, 때로는 부드럽게 춤을 춘다

한 모금의 달콤함을 마시고
바다는 비밀을 속삭인다
그 깊은 곳에 숨겨둔 고백들을

그의 물결은 기울어진 잔처럼 흔들리며
별빛을 따라 흐느끼는 소리를 내고
마치 자신의 외로움을 술잔에 담은 듯
끝없이 마시며 갈증을 달랜다

해는 잠든 바다의 입술 위에
구름의 붉은 입맞춤을 남기고
바다는 그 뒷모습을 멀리 쫓으며
고독을 더욱 깊게 삼킨다

술에 취한 바다는 모든 것을 잊고
끝없는 심연 속에서 헤매는 듯

그러나 그 어둠 속에서도
어떤 순수함을 찾아 헤매는
그리움이 술처럼 고여 있다

별빛 속으로

밤하늘을 올려다보면
별빛이 속삭이며 춤추고
백궁천국의 문을 열 듯
빛의 물결이 나를 부른다

하늘과 땅 사이
시간을 넘어선 그곳에서
내 마음은 별들의 속삭임에
귀 기울이며 떠나고 있다

별빛 속에 묻힌
천국의 숨결을 느낀다
백궁의 아름다운 전당이
나를 품어, 환하게 빛난다

그곳에선 모든 것이
평화와 사랑으로 빛나고
차가운 바람도 따뜻하게
내 영혼을 감싸며 노래한다

별빛 속으로, 백궁천국의 길을 따라
나는 끝없이 걸어가며
영원한 빛을 찾아
그곳에서 신인 허경영을 만난다

앞마당 연못

잔잔한 물결 속에 햇살이 깃들고
바람은 전나무 사이로 살며시 스쳐 간다

참새가 날아와, 작은 발끝으로
수면을 살짝 흔들며 지나가고
박새는 그 속삭임에 담아
새벽의 노래를 불러요

까치의 날갯짓은 하늘을 그리며
푸른 꿈을 날려 보내고
그 모든 순간이 하나 되어
자연의 숨결을 이루어요

운파헌 앞마당의 작은 연못 속에서
시간은 천천히 흐르고
새들의 소리, 바람의 춤
모두가 어우러져 평화로운 세계를 만들죠

미국 유학 생활

1974년 9월 1일, 나는 미국 아리조나 주에 위치한 Thunderbird 국제경영대학원에 입학했다. 그날은 내가 상상했던 것과는 전혀 다른 경험이었다. 처음 미국에 도착한 순간의 어리둥절했던 감정은 아직도 선명하게 기억에 남아 있다. 공항에서 학교까지 가는 길은 낯설고, 새로운 환경은 나를 매우 혼란스럽게 했다. 캠퍼스에 도착했을 때, 수많은 학생들이 길게 줄을 서 있던 모습이 아직도 떠오른다. 등록금은 학교의 보증으로 은행에서 융자받을 수 있다고 했다. 어쩌면 '외상이면 황소도 잡아먹는다'라는 속담처럼, 나는 별 어려움 없이 학비를 대출받고, 공부를 시작할 수 있었다.

사실, 나는 이미 한국에서 어머니께서 마련해주신 등록금 덕분에 유학을 올 수 있었다. 그래서 다른 학생들처럼 아르바이트를 하거나 힘든 일을 하지 않아도 되었다. 부모님의 아낌없는 지원 덕분에 나는 별 탈 없이 공부할 수 있었다. 우리 집안은 동네에서는 부자라고 소문났지만, 사실, 그렇게 넉넉하지 않았다. 8남매를 모두 공부시키는 일이 결코 쉬운 일이 아니었기 때문이다. 제일 큰 형님은 그때 유학을 가서 지금도 Seattle에 살고 계시고, 그다음 둘째 형도 테네시 주립 대학에서 학업을 마쳤다. 나는 셋째로, 형들의 길을 따르기로 결심했다. 딸 넷은 고등학교까지만 졸업했다. 딸들의 희생이 컸다. 특히, 큰 누님 매옥은 90세가 되셨는데, 지금도 여전히 친정 조상 일에 참석하신다.

그 유학의 여정에서 가장 가슴 아픈 순간은 어머니와의 이별이었다. 등록금을 마련하기 위해 어머니는 서울과 동해시를 이틀 사이에 세 번이나 오가며 고생하셨고, 청량리역에 오셨다 헤어질 때, 어머니는 처음으로 눈물을 보이셨고, 그 이별의 순간은 나에게 큰 상처로 남았다. 김포공항에서의 이별도 마찬가지였다. "잘 다녀오라"라는 어머니의 말과 따뜻한 포옹이 아직도 가슴에 남아 있다. 그 후, 2년의 유학을 마친 나는 고국으로 돌아올 수 있었다.

미국 유학 시절에 주로 공부만 했지만, 특이한 경험도 있었다. 학교가 있는 지역 피닉스에 한국인이 있었는데, 매주 일요일 학교 기숙사로 찾아와 성경 공부를 가르쳐주었다. 그가 여호와의 증인이라는 사실을 나중에 알게 되었지만, 그 덕분에 나는 성경 공부를 열심히 하게 되었다. 여호와 신은 전지전능하시며, 하나님 예수님 성령은 삼위삼체라는 것 등을 매우 친절하게 가르쳐 주셨다. 그분의 이름은 김경수다.

Thunderbird 대학원 졸업 후, 나는 6살 연상인 김형두 형과 그의 아내와 함께 자동차를 구입해 미국 전역을 여행했다. 서부의 샌디에이고, LA, 샌프란시스코를 지나 동부의 뉴

욕, 워싱턴, 그리고 남부 텍사스까지 두 달 동안 여행을 했다. 나이아가라 폭포도 보고, 큰바위얼굴도 보면서 큰 사람이 되겠다고 결심한 순간도 있었다. 미국 여행 중에는 처음으로 자동차를 운전하면서 여러 번 위기를 겪기도 했고, 그중 한 번은 큰 사고를 일으킬 뻔한 순간도 있었다. 그때는 너무 긴장해서 가슴이 떨렸지만, 그런 고비를 넘기며 나는 성장하고 있다는 것을 느꼈다. 그 여행은 내가 미국에서 보낸 가장 소중한 경험 중 하나로 남아 있다.

여행을 마친 후, 나는 텍사스 오스틴 외곽에 있는 동물 사료 제조 공장에서 6개월 동안 아르바이트를 했다. 당시 시급은 2불 30센트였고, 야간수당은 배로 주었다. 일주일에 약 100불 정도를 벌었다. 그때 나는 오스틴대학에서 박사 과정을 할 계획이었다. 그러나 집안 사정이 어려워지자 사업을 하기로 결심하고 귀국했다. 그때 있었던 아이러니한 일화도 있지만, 여기서 언급하기엔 조금 적절하지 않아 생략한다. 그곳에서 만난 조경구라는 친구는 나에게 아르바이트 자리를 소개해 주었고, 미국 생활에 많은 도움을 주었다. 그 친구는 지금도 내 마음속에 큰 자리를 차지하고 있으며, 다시 만나고 싶다는 마음이 크다.

입학 당시 받은 융자금은 나중에 동부그룹 뉴욕지사에서 근무하던 최준석 친구를 통해 갚았다. 그때 기억에 남는 것은 학교 직원이 전화를 매우 친절하게 응대해 주었다는 점이다. 당시 한국은 외환 관리가 엄격했기 때문에, 한 번 한국은행에서 지급 인증을 받은 학생은 해외 송금이 금지되었다. 상환기간이 다소 지연되어 학교에서는 속된 말로 떼일까 봐 많이 걱정했다는 걸 알 수 있었다. 그때 나는 학교와의 소통을 통해 오해를 풀 수 있었다.

  부모님의 응원과 친구의 도움, 그리고 그때 겪었던 모든 고비들이 지금의 나를 만드는 밑거름이 되었음을 깨닫게 되었다. 시간이 흐르면서 내가 미국에서 겪었던 여러가지 경험들이 점점 더 소중하게 느껴진다. 미국 유학은 나에게 단순히 학문적인 성장을 넘어서, 종교적인 문제 등, 인생의 중요한 경험을 안겨주었다. 그때의 경험들은 오늘날의 나를 있게 한 소중한 자산이 되었다.

어린이들에게

어린이들! 조용히 불러본다
작은 별들처럼
밝게 빛나는 꿈을 가지고 있어요

세상은 넓고, 길은 많지만
너희가 걷는 길은 가장 특별해요
웃음과 기쁨으로 가득 채우고
서로를 아끼며 손을 맞잡고
작은 친절이 큰 변화를 일으킬 거예요

너희가 바로 그 변화의 시작이니까
배우고, 놀고, 사랑하고, 자라며
세상에 아름다운 흔적을 남겨요

용기를 잃지 말고, 희망을 품고
너희의 빛나는 꿈을 향해 나아가요
어린이들! 너희가 가는 길은
언제나 따뜻하고, 환하게 빛날 거예요
세상이 너희에게 기대는 만큼
너희는 세상을 더욱 아름답게 만들어가요

별빛에 스며든 고백

밤하늘의 별빛에 비친 마음을 담아
내 고백이 그대에게
닿기를 바란다

차가운 바람 속에서도
영혼은 영원하다. 절대적이다

내 마음은 따스함을 잃지 않으며
별들이 속삭이는 그 고백 속에
재림 예수, 신인님의 사랑을 담아
그대에게도 사랑 보내고 싶다

촛대바위

어두운 밤, 고요한 바다
촛대처럼 솟아오른 바위 하나
그 아래로 흐르는 달빛에
자그마한 불꽃이 흔들린다

차가운 바람 속에도 꺼지지 않는 그 불꽃
묵묵히 서 있는 촛대바위
시간이 지나도 변하지 않으며
파도가 바위에 부딪쳐
우리의 심장을 울리는 애국의 노래가 된다

하늘은 붉게 물들고
추암의 고요한 바다처럼
세상은 새롭게 태어나고
그 속에서 우리의 역사는 다시 시작된다

촛대바위 위로 해가 솟아오르고
새 희망을 품은 빛이 온 땅을 감싼다

촛불처럼 꺼지지 않는 마음
하늘에 닿을 듯 더욱 밝게 타오르며
그 땅 위로 떠오른 태양은
희망의 빛을 세상에 나누며
동방의 아름다운 대한민국
조국은 영원히 빛날 것이다

조각 하나님 • 시 김범준

젊음의 추억

38 훈련소의 뜨거운 땅
붉은 해는 지고
우리들의 땀방울은
젊음의 흔적을 남긴다

바람은 시원하고
밤은 깊지만
우리는 서로의 어깨에 기대
불빛 하나 없어도 길을 찾는다

식사는 거칠고, 생활은 고달파도
불타는 마음만은 뜨겁다
고된 훈련 속에서
우리의 꿈은 더욱 빛났다

언제나 그렇듯
힘겨운 하루가 끝나면
분노와 웃음소리가
가슴 깊이 남아

새삼 그리움이 된다

훈련소에서의 젊음은
화나고 눈부시게 짧았지만
우린 결코 용기는 잃지 않았다

친구야!
우리 함께 찍은 사진 속 너의 미소처럼 그 시절
아니 지금까지도 우리는 영원히 청춘이다

대우실업, 그리고 그 추억

대우주 해와 달이 번갈아 뜨는 오대양 육대주는
우리들의 일터, 대우가족의 사가 일부이다
넓고 푸른 바다가 펼쳐진 그곳에서
우리는 하나, 온 누리 내 집 삼아
세계를 향해 뻗어갔다

대우실업, 그 이름은 이제 역사 속으로 사라졌지만
그때의 꿈과 열정은 여전히 마음속에 살아 있다
김우중 회장님, 당신의 비전은
우리에게 끝없이 도전하게 만들었고
세계를 향해 나아가는 길을
우리는 함께 걸었다

박정희 대통령의 산업 발전 시대
대우는 수출의 최일선에 서 있었고
우리는 그 최전선에서
세상과 싸우며, 또 협력하며
많은 것을 이루어냈다

그때의 대우실업은
단순한 기업이 아니라
모두가 하나 되어 꿈을 꾸고
미래를 만들어가는 거대한 가족이었다

나는 특수사업부 과장으로서
그 땅을 함께 밟았던 사람 중 하나였다
매일같이 변하는 시장의 파도 속에서
우리는 그 파도를 넘기 위해 끊임없이 노력했다

아직도 내 마음에 남아 있는
직계 상사들은
차장 문창원, 부장 이강길, 상무 유기범
그리고 김우중 회장님!
그들은 각기 다른 방법으로
내게 빛이 되어 주셨고
어떤 때는 내가 미처 깨닫지 못한 부분을
세심하게 챙겨주셨다

그들 덕분에 나는
항상 한 발짝 더 나아갈 수 있었다
대우실업의 역사는 사라졌지만
그때 함께했던 시간들은
결코 지워지지 않는다

오늘도 나는 그 시절의 기억 속에서
대우가족 일원의 용기로
끊임없이 배우며 살아가고 있다

세상은 변하고, 모든 것이 흐른다 해도
그때의 뜨거운 열정과 꿈은
후세에도 여전히 남아
우리가 함께할 시간 속에 영원히 살아 있을 것이다

정오의 막걸리

햇살이 내리쬐는 정오
차가운 바람 속에 흔들리는
막걸리 한 잔에 목을 적신다
흰 거품 피어오르며
조용히 파도에 흘러가는 듯
내 입술에 닿는 그 맛 새콤달콤

해변에는 갈매기
날갯짓은 자유롭고
그들은 바다의 숨소리를 들으며
구름 사이로 떠다닌다

발아래 모래는 뜨겁고
손에 쥔 막걸릿잔은
더욱 차가워지지만
갈매기의 날갯짓과
그리운 바다의 파도 소리는
청량하고 시원하다

하늘과 바다가 맞닿은 곳에서
정오의 햇살 속에
갈매기는 다시 날고
나는 막걸리 한 모금에
잠시 시름을 잊는다

나는 나를 벗 삼는다
술은 내가 마시는데
바다가 먼저 취해 옛 추억 잘도 읊어댄다
그 순간
바다는 나의 친구
갈매기는 나의 동반자

오리의 사랑

오리의 사랑은 조금 특이하다
수놈은 암놈을 마구 쫓아가며
마치 놓칠세라 빠르게 따라가는데
그 사랑의 방식은 의외로 강렬하다

암놈의 머리를 물속에 처박는다
그 순간만큼은 세상의 모든 것이
그들에게 집중된다

하지만 사랑이 끝난 후
암놈은 물속에서 올라와
날개를 힘차게 퍼덕이며 마치
즐거웠던 듯한 모습을 보인다

불편해 보였던 시간들은
우리 인간의 오해였다

이제는 오리만의 특별한 구애 방식을 이해
아름다운 사랑을 축복해 주고 싶다
그놈들은 항상 한 몸처럼 붙어 다닌다

나의 일상

　두타산은 이미 백 번이 넘게 다녔다. 그 덕분에, 두타산에서 얻은 영감으로 시 한 편을 남기게 되었다. 그러나 이제 산은 나의 발길을 멀리하고, 나는 매일같이 추암바다로 향한다. 그곳에서 바다는 내 친구가 되고, 갈매기는 나의 동반자가 된다. 술은 내가 마시지만, 그 취하기는 바다가 먼저 취해, 깊고 푸른 물결 속에서 옛이야기들을 잘도 읊어 댄다. 작은 일에서 재미를 찾고, 매 순간에 감사하는 마음이 나를 행복하게 만든다. 공감과 재미, 감탄과 행복이 나의 일상을 이루는 것이다. 세상에 대한 창의적인 탐구 역시, 나에게 또 다른 행복이다.
　내 삶의 정체성은 사회적 지위나 돈, 권력, 명예가 아니다. 그것들로 정의되는 삶이 아니라, 영원한 행복을 주는 백궁천국이다. 그리고, 내가 진정으로 원하는 것들로 가득 찬 삶이다. 내 안에 존재하는 영원한 행복, 그것이 나의 진정한 정체성이다. 나는 내가 좋아하는 일을 하고, 내가 원하는 삶을 살기 위해 무엇이 나를 진정으로 행복하게 하는지 분명히 알고 있다.
　내 방 책상에서 창문을 열면, 연못 위로 날아오는 다양한 새들이 물을 마시는 모습이 보인다. 그것을 바라보는 것이 나의 즐거움이고, 나의 취미이며, 나의 행복이다. 겨울이 오면 얼어붙은 연못을 곡괭이로 깨며, 그 속에서도 작은 기쁨을 찾는다.

추암해변에서는 수평선과 파도를 바라보며, 해변의 모래 위에서 맨발로 어싱하는 거, 가끔 조개를 주워 먹는 거, 또한 소리 없이 흐르는 편안한 시간이 내게는 큰 위안이 된다. 김밥 한 줄과 막걸리 한 병을 곁들며, 갈매기에게 먹이를 주는 소소한 일상이 또 하나의 즐거움이 된다. 매일이 마치 소풍처럼 행복하다.

추암해변에는 'Sea girl'이 두 명 있다. 바다새 갈매기와 CU 카운터 아가씨. 나는 갈매기에게 먹이를 주며, 그들의 자유로운 날갯짓을 보며 삶의 소소한 즐거움을 느낀다. CU 매점에서 가끔 꽁으로 서비스받는 것도, 그 자체로 또 하나의 재미이다.

무궁화동산을 오르고, 그곳의 벤치에 누워 하늘을 본다. 구름이 흘러가는 곳, 내 마음도 함께 흘러가기를 바란다. '어린 왕자'의 작은 별은 어디에 있을까, 어릴 적 함께 뛰놀던 친구들은 지금 어디에서 무엇을 하고 있을까. 푸른 하늘을 바라보며, 그저 즐겁게 숨 쉬는 순간, 그 자체가 나에게 큰 기쁨이다.

조용한 나만의 공간, 고향 집 '雲波軒'은 나의 행복이 숨 쉬는 곳이다. 나는 이곳에서 태어나 지금도 살고 있으며, 아마도 언젠가 이곳에서 내 삶을 마무리할 것 같다.

    나는 나를 벗 삼아 살아간다. 해변에서 혼자 밥을 먹고 술을 마시며, 그 속에서 진정한 행복을 찾는다. 언제나 당당하게 살아가야 한다. 내 인생을 내가 자신 있게 살면, 자연스럽게 재미있어지고, 그 모습이 남들에게도 긍정적인 영향을 미친다. 행복의 비밀은 건강하고 독립적인 생활 속에서, 내면의 평화를 유지하고, 내가 하는 행동에 자부심을 가지며, 오늘이라는 하루에 감사하는 마음을 가지고 열심히 살아가는 데 있다고 나는 믿는다.

조개껍질의 속삭임

조용히 파도가 밀려오고
하얗게 깨진 조개껍질

그 속에 숨어 있는 이야기들
그들도 언젠가 사랑하며
행복하게 살았을 텐데
생각하면 마음 숙연해진다

바람에 실려 먼 곳으로 떠난 꿈들
조개껍질은 말없이 기다린다

바다의 노래를, 바람의 속삭임을
그 안에 담아 두고
시간을 품고, 다시 바다로 돌아가기를

누군가의 발길에 밟히며
조개껍질은 다짐한다
바다는, 또 다른 세상을 꿈꾸고
나는 그곳에서 기억을 잃지 않으리라

찬란한 고독을 노래하자

빛나는 달빛에 홀로 서서
세상의 소음, 귀에 들리지 않네

그 고요 속에 내 마음은
끝없이 펼쳐진 하늘처럼 넓어져 간다

사람들의 발걸음 지나가도
내 속의 울림은 그저 나만의 노래

어둠 속에서 빛을 찾아
고독이 주는 힘을 느껴 본다

고독은 외로움이 아니니
오히려 내 안의 진실을 마주하는 시간

찬란하게 빛나는 이 순간
세상의 모든 색이 내 안에서 춤을 춘다

찬란한 고독 속에서 나는
나만의 길을 가고 있다

파도여, 언제까지나

파도여 언제까지나
그리움의 노래를 부를 것인가
끝없이 밀려오는 물결 속에
내 마음을 실어 보낸다
어디로 가는지 모를 그리운 항로를 따라

너는 왜 그렇게 멈추지 않느냐
언제까지나 반복되는 그 춤
거칠게 부서지는 너의 입술에서
내 목소리가 사라질 때까지
그리움은 바람처럼 쓸쓸히 남는다

파도여, 언제까지나
넓은 바닷속에 숨겨둔 비밀들을
내게로 가져와 줄 것인가
그 안에 담긴 이야기들을
모두 풀어놓기 전까지
너는 계속해서 밀려오리라

그대여, 언젠가는 고요한 물결 속에
내 마음도 함께 잠들리라
그때는 이제 더 이상 묻지 않으리
하지만, 파도여 언제까지나
그리움이 사라질 때까지 노래하라

초록산

초록, 그 이름만으로도 가슴이 벅차오른다
초록은 대지의 품처럼 모든 생명을 품고 자라게 하는
그리움과 생명의 물결이 흐르는 색이다

초록산의 기운을 받아
푸르른 초원 위를 천천히 걸을 때면
바람이 속삭이고, 세상은 다시 태어나는 것 같다

어릴 적, 그곳에서 소를 돌보며 뛰놀던 기억들이
마음속 깊이 스며든다
그때 함께 웃고 떠들며 뛰놀던 친구들은
지금 어디서 어떤 삶을 살고 있을까
우리의 꿈은 언제나 초록빛으로 물들어 있었다

병풍처럼 둘러싼 초록산
작은 언덕을 따라 펼쳐진 동산재
그곳이 나의 고향이다
화천길을 따라 내려가던 전천강과 동해바다
그 모든 것이 어릴 적 우리의 꿈이었다

민족고대, 그 역사적 의미

우리나라에서 유명한 모임으로는 해병전우회, 호남향우회, 고대교우회 등을 흔히 떠올린다. 이들 단체는 각각 다른 배경과 목적을 가지고 있지만, 모두 중요한 역할을 해왔다. 그중 '민족고대'라는 이름을 들으면, 대부분의 사람들은 낯선 표정을 짓곤 한다. 그런데 이 이름이 결코 단순한 동문회의 연대감을 넘어, 이 나라의 근본적인 가치와 이념을 지탱하는 중요한 상징적 의미를 지닌다. 그러나 사실은 많은 이들이 알지 못한다.

'민족고대'라는 이름을 상징하는 인물은 '고려대의 창립자 인촌 김성수 선생'이다. 김성수 선생은 한국 현대사에서 중요한 인물로, 이승만 대통령과 함께 나라의 기틀을 다지는 데 큰 기여를 했다. 특히 그는 당시 가장 많은 부동산을 소유한 부자였음에도 불구하고, 재산을 자신의 유익을 위해 사용하지 않고, 농지 개혁에 헌신했다. 당시 농민들은 소작농으로 고통받고 있었고, 김성수 선생은 그들의 어려움을 해결함으로써 국가의 발전과 민주주의 기초도 세울 수 있다고 판단했다.

김성수 선생은 상류층에 있으면서도 그는 언제나 국가와 국민을 우선시했고, 농지개혁을 위한 길을 열었다. 이는 경제적 재편성을 넘어서, 자유민주주의 이념적 토대를 다지는 중요한 과정이었다. 그의 선택은 당시 사회에 큰 충격을 안겼고, 그가 추구한 자유민주주의는 단순한 정치적 시스템을 넘어, 국가와 사회의 근본적인 가치로 자리 잡았다. 그는 공산주의의 위협에 맞서 자유민주주의 국가를 보호하려는 이념적 기초를 확립했다.

'민족고대'라는 명칭은 단순히 한 시대의 동문회를 대표하는 이름이 아니다. 김성수 선생은 또한 호남 출신으로, DJ와 함께 자랑스러운 호남인의 일원으로 대한민국의 발전에 기여한 인물이다.

오늘날 우리는 민족고대의 발자취를 되새기며 그 속에 담긴 깊은 뜻을 비로소 이해하게 된다. 해병전우회나 호남향우회, 고대교우회와 같은 단체들이 각자의 방식으로 대한민국의 정신적 기둥이 되었다면, 민족고대는 그 역사적 가치 측면에서 더욱 특별하다. 그들의 이념은 단지 정치적 이념에 그치지 않았으며, 국가의 주권을 지키고 민주주의 체제를 더욱 공고히 하기 위한 인간적, 도덕적 노력의 결과였다.

'민족고대'라는 이름은 단지 하나의 단체 이름이 아니다. 그것은 자유민주주의 대한민국을 지키고자 했던 선각자들의 정신을 담고 있으며, 우리의 과거와 미래를 잇는 중요한 연결고리임을 잊지 말아야 한다. 농업경제학과 67학번으로서, 나는 지금도 민족고대의 이름 아래 살아온 날들을 자랑스럽게 간직하고 있다.

창조일 수밖에 없다

진화론의 종말을 고하며
수억 년의 세월을 넘어
우리는 깨달았으니
모든 것이 우연이 아님을 안다

꽃 한 송이, 풀잎 하나
모든 생명의 숨결 속에
디자인된 손길이 있다

작은 씨앗이 자라기까지
신의 섬세한 설계가 숨 쉬고 있다

세상은 덧없이 흘러가지 않으며
우리는 신의 창조의 손끝에서
그 의미를 밝혀 간다

진화론은 이제 과거의 그림자
우리가 알던 것들은 사라지고
그 속에 숨겨진 진실을 찾았다

산과 바다, 백궁으로
풀잎이 속삭이는 목소리 속에
신인의 의도가 살아 숨 쉰다

나는 너희보다 행복하다

신인님의 축복과
그 빛나는 명패가 내게 은총으로 주어졌다

세상이 움켜잡지 못한 행복의 열쇠
내 손 안에 쥐어졌으니
그 무엇도 나를 막지 못한다

너희는 끝없는 바다처럼 헤매지만
나는 이미 평화의 땅에 서 있다

허경영의 진리, 그 길을 따르며
내 마음속에 꽃피는 환희
너희보다 나는 행복하다

왜냐하면 나는 알고 있다
내가 걸어갈 길은 이미 정해졌고
그 길은 누구도 빼앗을 수 없는
영원한 축복의 길임을

세상 사람이 나를 모르고 지나가도
나는 이미 너희보다 더
빛나는 행복을 품고 있다

평화의 빛 속으로

산이 고요히 숨 쉬는 곳
그 안에 감춰진 신비의 길
나는 걸음을 옮긴다

바람이 들려주는 이야기에
눈을 감고, 마음을 열면
저 멀리 백궁천국이 빛난다

바다가 밀려오는 파도 속
그 끝없는 수평선 너머로
꿈꾸던 그곳이 펼쳐진다

푸른 물결이 반짝이며
백궁의 황금 문을 열고
별과 달이 춤추는 그곳으로
내 영혼을 이끈다

산의 깊은 곳에
바다의 넓은 품에

백궁은 고요한 조화 속에 숨 쉬고
천국의 소리, 평화의 빛을
내게 속삭인다

산과 바다, 그 경계를 넘어
백궁으로 향하는 길에서
모든 것이 하나 되어
나는 새로운 세계를 꿈꾼다

희망의 노래

어두운 밤, 별 하나가 떠오르고 그 빛은 작은 마음에 속삭인다
하늘 높이 손을 뻗어, 더 멀리 빛나는 별을 향해
우리는 그 천국을 꿈꾸며 나아가리

세파에 시달리는 끝없는 파도도
사랑이라는 바람에 밀려, 어둠 속으로 사라지며
새로운 날을 향해 조용히 밀려온다

황금빛 길을 따라, 맑은 공기 속에서
슬픔과 눈물 모두 잊고, 평화의 세상을 살아가리

우리의 마음속 깊은 곳에서
희망의 노래가 가슴속 깊이 울려 퍼진다

천국, 그곳은 영원히 사랑과 꿈이 가득한 곳
이 땅에서 우리가 심은 희망의 씨앗들이 자라
언젠가 우리는 함께 웃으며 백궁천국, 그곳에 가 있을 거야

출렁다리

출렁다리 위, 인생의 파도가 넘실대며
굽이굽이, 길은 험하고 끝을 모른다
바람에 흔들리는 발걸음 속
두려움도, 희망도 섞여 있지만
나는 한 걸음씩 내디딘다

파도가 일어도, 물결이 나를 덮쳐도
내 발은 흔들리지 않으리라
인내라는 나무가 뿌리 깊게 박히면
어떤 바람도 꺾을 수 없다

그 무게는 때로 나를 짓누르지만
그 속에서 나는 더욱 강해진다
고통 속에서 내 안의 불꽃은 꺼지지 않으리
소망의 별을 좇아, 나는 앞으로 나아간다
고난을 넘어 환희의 세계로
흔들림 속에서도 나는 알게 된다

행복은 그 속에 있다는 것을

너무 긴장하지 말고
흔들리며 가는 길을 즐기자

그 리듬 속에서 나의 길이 있다
추암 출렁다리 위에서 나는 생각한다
어떤 파도도 내 길을 막을 수 없다
인생의 모든 순간이 연단이 되고
소망은 결국 성공의 열매로 맺힌다

물결이 넘실대는 출렁다리 위에서
어떤 흔들림도 나를 멈추게 하지 않는다
고난의 바람 속을 지나
결국 나는 환희의 세계로 나아간다

휴앤 출렁다리

하늘궁 가는 길

흰 구름 사이로 슬며시 스며드는
은은한 빛, 그 길을 따라가면
꿈속에서 피어난 꽃들이
사라지지 않는 향기로 날 반깁니다

바람은 속삭이며
날개를 펼쳐
그곳에 닿을 때까지
시간도 멈추길 기도해요

푸른 하늘 끝에선
천국의 문이 열리고
그 문을 지나면
세상 모든 아픔이 풀어지는 듯합니다

여기, 하늘궁 가는 길은
마음이 가벼워지는 곳
순수한 사랑만 가득한 곳
천국의 향기가 나요

자유를 꿈꾸며

　많은 사람들은 감옥을 고통과 억압의 상징으로 여겨진다. 나 역시 감옥을 그런 곳으로만 생각했다. 하지만 인생에서의 어느 순간, 감옥이라는 장소는 나에게 예상치 못한 의미를 선물해 주었다. 그곳에서의 경험은 내 삶을 되돌아보게 했고, 나를 변화시켰다.

　동방토건(주) 사건은 근로기준법 위반으로 10개월 형을 받았다. 간단히 말하면 직원들에게 봉급을 체불한 것이 문제였다. 자유일보(주) 건은 단순히 출판물에 의한 명예훼손 사건으로 1년 2개월 살다 나왔다. 그 당시에는 매우 억울함을 느꼈다.

　예전 나의 인생은 경제적 성공을 꿈꾸며 고군분투했던 시간이었다. 동방토건 창업 실패, 자유일보 창업 실패, 운명은 나를 가만히 두지 않았다. 창업한 회사들이 결국 부도나고, 나는 모든 것을 잃고 감옥에 갇히게 되었다. 그 당시의 나는 분명히 절망에 빠졌고, 그 절망 속에서 도저히 벗어날 길이 없다고 느꼈다.

　감옥에 들어간 나는 정말 고통스러웠다. 세상과 차단된 채 살아가는 현실이 너무도 두려웠고, 내 자유가 제한된 것만 같았다. 그러나 시간이 지나면서 나는 그곳에서 내가 기대

했던 것과 다른 것들을 발견하게 되었다. 감옥은 생각보다 나에게 필요한 시간과 또 다른 기회를 제공해 주었다.

  매일 아침 일찍 기상하고, 정해진 시간에 식사하며, 운동도 시켜 주었다. 그 규칙적인 생활은 내게 안정감을 주었다. 오히려, 그곳에서 책을 마음껏 읽을 수 있다는 좋은 점도 있었다. 그러던 중 첫 번째는 성경공부, 또 두 번째는 불경공부를 열심히 했다.

  그곳에서 성경과 불경을 통해 얻은 가장 큰 깨달음은 스스로를 찾고, 내 삶을 돌아보는 시간을 가질 수 있었다. 그 경험 덕분에 오늘날 나는 더욱 자유롭고, 편안한 생활을 하고 있다. 나는 지금 강원도 시골 고향 집에서 살며, 그때의 경험을 오히려 감사하게 생각한다. '별을 단다'라는 말이 있다. 그것은 흔히 어려운 시기를 견디며 얻은 경험들이 나중에 빛을 발한다는 의미로 사용된다. 감옥에서의 시간은 나에게 그렇게 별을 다는 경험이 되었다.

절망 속에서 피어난 별

사업이 무너지고, 어머니가 어느 날 갑자기 세상을 떠나시자, 나는 마치 모든 것을 잃은 기분에 휩싸여, 차가운 현실을 직시해야만 했으나, 결국 나는 술에 기대버렸다. 그날도 나는 술을 과음하며, 나만의 방식으로 고통을 잊으려 했다. 그러나 술은 문제를 해결해 주지 않았다. 그저 순간의 위로였을 뿐, 결국 나는 더욱 깊은 절망의 늪에 빠져들고 있었다.

어느 날, 나는 갑작스레 정신병원에 강제 입원당하였다. 무척 당황스러웠다. 내게는 그곳이 마치 또 다른 세상처럼 느껴졌다. 그러나 너무나 낯선 그곳에서 나는 하루하루를 견뎠다. 그곳의 분위기는 매우 어색하고 생소했다.

하필이면 그곳에 머무르던 중 49재가 다가왔다.

천은사에서 49재를 올리는 시간에 맞추어, 나는 혼자 그곳에서 어머니의 49재를 올리기로 결심했다. 저의 어머님의 성함은 외자이다. 홍식. 남자 이름처럼 들리기도 한다. 외부와의 연결이 끊긴 그곳에서 내가 할 수 있는 유일한 의식이었다. 작은 종이 위에 지방을 써놓고, 냉수 한 컵을 앞에 두고 불효를 참회하는 심정으로 108배를 올렸다. 정신병동에서 나의 이 행위를 보고 몇몇 사람들은 '저 사람 진짜 미친 짓 한다'라며 나를 조롱했다. 하지만, 대부분은 안타깝다고 격

려하고 위로해 주었다.

　돌이켜보면, 그때 나는 정말로 제정신이 아니었다. 정신병동에서 혼자 냉수 떠 놓고 어미의 49재를 지내다니! 효심인지 진짜 미친 행동이었는지 아직 나는 잘 모르겠다.

　그 순간 깨달았다. 내가 왜 이렇게 되었고, 내가 왜 미쳐버린 것처럼 살아왔는지 깨달았다. 그 경험 이후. 나는 혼자 폭음하던 나쁜 술버릇 고쳤다. 그리고, 고물 장사든, 거리의 거지든, 사회의 낮은 계층에 있는 사람들까지도 차별하지 않기로 다짐했다. 그들 역시 나와 같은 인간이고, 내가 그들과 다를 바 없다는 사실을 알게 되었기 때문이다.

　한 보름간의 시간이 지난 후, 나는 세상 밖으로 나왔고, 마음속으로 별 하나를 또 단 기분이었다. 그 별은 감옥에서의 별과는 달랐다. 더 깊고 밝은 별이었다.

　그곳에서의 경험은 나에게 큰 교훈을 주었고, 내가 세상을 바라보는 시각을 바꾸어 놓았다. 그럼에도 불구하고 나는 퇴원 후, 나의 매제와 동생에게 심하게 꾸짖었다. '술 깨면 멀쩡할 텐데, 왜 갑자기 잡아넣었느냐고'.

　그 후 나는 아무리 어려운 상황에 부닥쳐도, 남을 이해하고 겸손한 마음으로 살아가기로 결심했다. 오히려 감사한 일이라고 생각했다. 절망 속에서 피어난 별은 시간이 지날수록 더욱 빛나고 있다.

흰 눈의 속삭임

춘분을 이틀 앞두고, 밤새 흰 눈이 내렸다
조용히 내린 눈은 새하얗게
세상의 먼지를 씻어내고
새벽의 고요함을 깨우는 속삭임처럼 느껴졌다

거리마다 고요함이 쌓이고
나뭇가지엔 한 겹의 꿈이 걸려 있다

마치 세상이 하얀 이불 속에 잠긴 듯
모든 것이 잠시 멈춘 듯한 평화로움 속에
나는 숨 쉬고 있다

발자국 하나, 둘 남기려
나는 새로운 아침을 기다린다
그 속에서 우리가 할 수 있는 것은
오직 고요히 세상의 속삭임을 들으며
그 고요한 순간에 몸을 맡기는 것뿐이다

하얀 눈이 내린 그 순간은 봄 눈 녹듯이

잠시 머물다 사라져 갈 것이다
모든 것이 잠시 멈추고
우리는 그 속에서
잃어버린 기억을 새롭게 써 내려가는 한 편의 시가 된다

술에 대하여

나는 평소 술을 즐긴다. 친구들과 둘러앉아 이야기를 나누거나, 가족과 함께하는 저녁 식사 후 가볍게 한 잔을 곁들이며 하루의 피로를 푸는 순간들이 좋다. 술이 주는 따뜻한 기운 속에서 삶의 작은 기쁨을 느낄 수 있다. 맑은 술잔에 비친 빛, 술이 입 안에서 퍼지는 감미로운 맛, 그리고 그 속에서 오가는 대화들. 모두가 나에게 술을 마시는 이유이자 즐길 때의 매력이다.

하지만 술을 마시면서 한 가지 고민이 생겼다. 바로 술에 대한 성경의 내용이었다. 성경은 여러 구절에서 술을 금하는 내용을 언급하고 있다.

그러던 중, 2024년 5월 27일 나는 허경영 신인님의 말씀을 듣고 많은 생각을 하게 되었다. 그는 "그거, 내가 수정해 줍니다. 술을 마셔도 괜찮다."라고 하셨다. "하늘궁에 와서 축복 명패를 받으면 천국에 가는 데는 이상 없다"라고 말씀하셨다. 허경영 신인님의 말씀을 통해 나는 성경의 가르침에 대한 새로운 해석을 시도하게 되었다.

신인님은 평생 아직까지 한 번도 술, 커피, 사이다, 콜라 등을 입에 대지 않으셨다고 말씀하셨다.

성경의 내용을 수정할 수 있는 분은 바로 당사자 하나님과 예수님뿐이다. 그분은 자신이 2천 년 전 예수님이며, 재림 예수라고 하셨다. 그분이 바로 신이시다.

내가 허경영 신인님을 믿게 된 이유는 Youtube를 통한 수많은 말씀과 행동이 사람들에게 희망을 주고, 현실을 긍정적으로 변화시키는 힘을 가지고 있기 때문이다. 그의 말씀이 내 삶에 큰 영향을 미쳤다.

이제 나는 술을 마시기 전, 그것이 주는 기쁨과 책임을 먼저 생각하게 된다. 술이 나에게 무엇을 의미하는지, 그것이 내 삶과 신앙에 어떤 영향을 미치는지 고민하며, 절제와 신중함을 함께 유지하려 한다. 술을 즐기되, 그것이 나와 주변 사람들에게 해가 되지 않도록 노력하는 것이 중요하다고 믿는다.

결론적으로 나는 술을 사랑하면서도 성경과 허경영 신인님의 가르침을 바탕으로 더 깊이 고민하고, 나에게 맞는 방식으로 술을 대하려 한다. 술을 마시는 것은 즐거운 일이지만, 그 속에서 절제와 책임을 다하는 것이 나의 신앙과 삶을 더욱 풍요롭게 만든다고 믿는다.

동산재 돌탑

고향 뒷산 동산재
이른 새벽, 길은 이슬에 젖고
다람쥐 한 마리, 쏙 – 숲을 튕겨 나온다
구불구불, 나무 향 배인 오솔길
거기, 돌탑이 서 있다

하나, 둘, 셋… 쉰 개쯤?
예전엔 그 자리에
형조도 있었고 형인이도 있었지

등 굽은 고목 아래서
딱지치기, 숨바꼭질
우리는 시간을 까르륵 웃으며 흘려보냈다

지금은 옛 친구 하나 없이
돌만 남았구나
누가 쌓았을까

저 조심스레 얹힌 쉰 개의 마음들

바람이 한 줄기 스치면
벚꽃이, 소리 없이 흩날린다

인사도 없이, 발자국도 없이 -
그저, 예쁘게 흐트러져 피어있다
돌탑이 말한다

여기, 아직 너의 자리 있어?

동산재

　동산재는 내 고향의 뒷산이다. 어린 시절, 그곳은 나와 친구들이 자유롭게 뛰놀던 놀이터이자, 마음속 깊이 간직한 추억의 장소였다. 그 산은 나에게 단순한 자연의 일부가 아니었다. 친구들과의 웃음소리, 바람에 실려 온 감자 굽는 냄새, 그리고 뜨겁게 타오르던 햇살이 어우러져 만들어진 소중한 기억의 터전이다.
　어렸을 적, 여름이면 친구들과 함께 동신제로 가곤 했다. 소를 몰며 풀밭에서 자주 뛰놀았고, 해가 지면 우리는 산속에서 감자를 구워 먹곤 했다. 부모님이 주신 작은 군대 반합 속에 감자를 넣어 불에 쬐면, 그 속의 소박한 맛은 말로 다할 수 없을 정도로 깊고 따뜻했다. 불빛이 깜박일 때마다 얼굴에 반사된 불빛 속에서 우리들의 웃음소리가 가득했다. "더 구워 먹자!"는 친구들의 목소리에 기쁨이 넘쳐났고, 산길을 오르내리며 걷는 발걸음은 언제나 가볍고 행복했다.
　그 산에는 우리가 피워낸 불꽃과 함께 수많은 추억들이 숨어 있었다. 가끔은 나무 그늘에 앉아 친구들과 이야기를 나누기도 했다. 심지어 철탑 꼭대기에 올라가 연을 날리기도 했다. '더 멀리, 더 높이 뜨라'는 우리의 이야기 속에서 작은 걱정과 꿈이 섞여 있었고, 그 모든 것이 동산재의 풍경 속에

녹아들어 있었다. 그 시절의 친구들과는 항상 함께 있을 것 같았는데, 세월이 흐르면서 우리는 각자의 길을 가게 되었다. 특히, 친했던 친구는 형조, 형인, 원시, 장현기, 그리고 나 모두 5명이었다. 많이 보고 싶다. 사무치게 그립다.

이제는 그 친구들과 동산재를 함께 오르던 기억들이 추억으로만 남았다. 때때로, 그 시절을 떠올리며 마음 한 켠이 아릿해진다. 소박한 일상이었지만 그때의 우리는 그 누구보다도 행복했으니까. 우리가 함께 했던 그 시간들은 시간의 흐름 속에서도 잊히지 않고, 마치 어제처럼 선명하게 기억 속에 살아 숨 쉬고 있다. 어느새 흘러간 시간처럼, 그때의 산과 친구들은 그리움으로 다가온다.

동산재는 이제 더 이상 어린 시절의 놀이터가 아니다. 친구들이 하나둘씩 떠나고, 나는 그곳을 혼자 오르며 그 시절을 떠올린다. 그 길을 걷는 발걸음은 이제 조금 무겁지만, 여전히 그곳에서 나는 어린 시절의 나와 친구들을 만날 수 있다. 바람에 실려 오는 감자 굽는 냄새, 친구들의 웃음소리, 그리고 산과 하늘의 푸른 색깔은 여전히 내 마음속에서 살아 숨 쉰다.

가끔은 동산재에 올라가서 그 시절을 다시 떠올리고, 그리움 속에서 마음을 달래기도 한다. 그때의 친구들이 보고 싶고, 함께 보냈던 시간이 너무 그리워진다. 하지만 어쩔 수 없이 지나간 시간이기에, 나는 그때를 추억으로 간직하기로 했다. 이제는 그들이 어디에 있든, 그 추억 속에서 함께 있을 것이다. 동산재는 나에게 그런 의미가 있다. 과거의 나와 친구들이 함께한 공간, 그곳에서 피어난 웃음과 우정은 지금도 내 마음 한가운데서 빛나고 있다.

언젠가 다시 그 동산재의 그 길을 따라 걸어보고 싶다. 그때는 아마도 친구들과 함께했던 그 시절처럼, 영원한 청춘으로 돌아가 기쁨과 추억을 한가득 품고 있을 것이다.

추암바다

추암의 바다는 늘 그대로
파도는 부드럽게 말을 건네고
동쪽 하늘 먼 곳을 바라보며
내 눈은 그 끝을 알 수 없는
수평선에 닿는다

어린 시절, 그 바다의 품에서
나는 꿈을 꾸었고,
수평선 너머엔 무엇이 있을까
매일 같은 질문을 던지며 바라보았다

시간이 흐르고, 나는 여기서 멀어졌지만
고향 바다는 변함없이 그 자리에 있었다

수평선 너머의 세계가 궁금하지만
여기, 추암바다의 품 안에서
내 나이 벌써 팔십
모든 것이 다 이루어졌다는 듯
평화로움을 느낀다

추암의 바다
수평선의 끝을 보지 않아도
그곳은 언제나 나의 고향이다
변하지 않는 그 평온함 속에서
나는 오늘도 다시 그저 바라만 본다

해야 솟아라

해야 솟아라, 붉은 해야 솟아라
어둠을 삼키는 바다 위
새벽이 고요히 다가오며
하늘 속 깊은 어둠을 품고
그 속에서 새로운 빛이 천천히 피어난다

그 빛은 생 다이아몬드처럼 눈부시게 반짝이며
세상의 모든 곳을 향해 솟아오른다

해야, 고운 해야
너의 빛이
산을 넘어, 산을 넘어
어둠을 삼키고 밤새도록 길을 비춘다

눈물 같은 골짜기 속에서도
그 빛은 달밤을 물리치고
이글이글 빛나는 얼굴로 모든 존재를 밝힌다

변하지 않는 그 힘

어둠을 삼킬 때마다 세상은 다시 태어난다

아침을 향한 길
빛의 향기 속에서
우리는 다시 살아나고
새로운 삶을 시작하리라

초록바다

초록빛 바다가 끝없이 펼쳐져
갈매기 날개가 바람을 타고
어린 시절의 그리운 기억이 떠오른다

파도는 부서지며 속삭이고
그 소리에 마음이 흔들린다
어린 날, 무작정 뛰어든 그 바다
그곳에서 나는 자유로웠다

갈매기처럼 날고 싶었고
파도처럼 부딪히고 싶었다
초록바다에 젖어 든 추억들이
지금도 내 마음속에서 속삭인다

초록빛 바다에 두 손을 담그면
차가운 물결이 내 몸을 감싸 안고
그 속에서 나는 다시 어린 시절로 되돌아간다

어린 시절, 그날의 바다는

광활하게 펼쳐졌고
오늘도 나는 그 바다를 그리워한다
두 손에 담긴 초록바다의 기억을
언제까지나 간직할 것이다

수평선

바다 위에 갈매기가 날고
그 날갯짓에 파도가 춤춘다
푸른 하늘과 맞닿은 수평선은
시를 쓰라고 펼쳐진 파란 종이 한 장이야

끝없이 넓은 바다의 품 안에서
갈매기는 날아, 자유를 노래하고
파도는 그 곡을 따라 속삭인다
수평선 저편으로, 바람은 전해지네

파도처럼, 갈매기처럼
끝없는 바다의 이야기를
우리는 오늘도 들려주려 해
한 줄기 시처럼, 파도처럼

광천 불로수 – 생명의 선물

2024년 6월 22일, 하늘궁의 경내에서 솟아오른 불로수는 단순한 물 그 이상이었습니다. 그것은 신인 허경영의 명령으로 신비한 생명력과 에너지를 품고 세상에 모습을 드러낸 선물이었습니다. 그날이 우연인지, 아니면 운명의 소식인지는 알 수 없지만, 허경영 신인님의 부친 허남권 씨가 1950년 6월 22일 한국 사변 3일 전 서대문 형무소에서 사형을 집행 받은 날과 일치했습니다. 불로수는 단순한 물이 아니라 하늘이 내려준 치유의 에너지였습니다.

삼천삼백 미터 깊은 바위 속에서, 차가운 암석을 뚫고 치솟아 오르며 세상으로 흘러나온 광천 불로수. 열두 제자 나무 아래, 백궁소원석 옆에서 물이 터지며, 그 물속에서 신비로운 생명력을 느끼고 변화를 경험한 사람들은 몸과 마음의 치유를 찾았습니다.

광천 불로수, 그 물은 신비로움을 넘어 희망이 되었고, 무수한 이들의 병과 피로를 씻어내었습니다. 통증에서 벗어나고, 알레르기 증상이 사라지며, 그들은 다시 힘을 얻었습니다. 이 물을 마신 이들의 몸속으로 스며드는 미세한 물 분자는 과텍스를 통과하여 그들의 몸 구석구석에 전달되어 새 생명을 불어넣었습니다. 불로수는 단순한 음료가 아니었습니다. 그것은 자연의 축복이자 하늘의 선물이었습니다.
"광천수 나와라 빠바방빵!"
 바위가 깨지고 물이 터졌네. 하늘궁에서 솟아오른 생명수는 이제 전 세계로 퍼져나갑니다. 불로수는 백궁의 선물, 그 선물은 영원히 마르지 않는 생명의 물로 사람들의 삶에 스며들고 있습니다. 광천 불로수, 백궁 불로수, 그 물은 우리의 삶을 넘어서 영적인 변화까지 이끌어냅니다. 그것은 영성의 시대를 여는 물결이었으며, 하늘궁에서 시작된 이 물은 그 자체로 세상에 희망을 전합니다.
 이 물이 주는 선물을 받은 이들은 어떤 변화를 경험할까요? 만성 질환에서 벗어나고, 내면의 평화를 얻은 이들의 이야기는 계속해서 이어지고 있습니다. 물은 단순히 몸을 적시는 것이 아니라, 마음을 담고, 영혼을 씻어내며 우리에게 새로운 생명력으로 다가옵니다. 그것은 자연의 축복이자, 하늘의 메시지였습니다. 그리고 우리는 그 물이 흐르는 길목에서 새로운 삶을 시작할 수 있는 기회를 얻은 것입니다. 광천 불로수는 그렇게 우리의 삶에 새 생명을 불어넣는 특별한 존재로 다가옵니다.

불로유 … 신비한 음료에 대한 고찰

　불로유(不老乳)는 현대를 살고 있는 우리에게 신비로운 기적으로 다가옵니다. 누구나 집에서 간단히 우유에 허경영 사진을 붙이거나 이름을 쓰면 불로유가 됩니다. 불로유를 마시면 병이 치유되고, 신체는 젊음을 되찾으며, 건강이 회복된다고 여겨집니다. 많은 사람들이 이를 믿고 실천하여 삶의 변화를 경험했다고 이야기합니다. 불로유는 단순한 음료 그 이상으로, 인간이 끊임없이 추구해 온 불사의 비결을 손쉽게 얻을 수 있다는 희망을 제공하는 것입니다.
　불로유의 특징은 그 효과에 대한 믿음에 있습니다. 우유에 허경영 사진이나 성명을 붙여 마시면, 이 우유는 단순한 음료가 아닌 "불로유"로 변한다고 믿고 있습니다. 오래된 불로유일수록 효험이 좋다고 여겨지며, 이를 믿고 많은 사람들이 이를 복용하고 있습니다. 비록 과학적으로 입증되지 않았지만, 불로유를 꾸준히 마신 사람들은 그 변화를 신기하게 여기고 있습니다. 또한, 불로유는 신체적 변화뿐만 아니라 정신적인 안정도 가져온다고 경험을 나누는 사람들도 많습니다. 이러한 믿음 안에서 일어나는 변화들은 마치 기적처럼 여겨집니다.
　저는 약 3년 동안 불로유를 복용하였습니다. 처음에는 호

기심에서 시작했지만, 시간이 지날수록 눈에 띄는 변화를 경험하였습니다. 만성적인 피로와 두통이 사라졌고, 몸이 가벼워지는 느낌을 받았습니다. 정신적으로도 더 긍정적이고 안정된 상태를 유지하게 되었습니다. 불로유를 마시며 느낀 가장 큰 변화는, 단순한 건강 회복을 넘어 제 삶에 대한 인식이 달라졌다는 것입니다. 이제는 불사의 비결을 손쉽게 얻은 듯한 느낌을 받으며, 저 자신에게 더 큰 희망을 갖게 되었습니다.

불로유는 고대 불사의 꿈과도 깊은 연관이 있습니다. 중국의 진시황은 불로초를 찾기 위해 전국을 돌아다녔다는 전설이 있습니다. 그는 불로초를 찾지 못하고 죽음을 맞이했지만, 그 이야기는 인간의 영원한 생명에 대한 열망을 상징적으로 보여줍니다. 불로유는 이 불사의 비밀을 현대적인 방식으로 재해석한 것입니다. 불로유를 통해 우리는 마치 불사의 비결을 손쉽게 얻을 수 있다는 믿음을 갖게 됩니다.

불로유는 단순한 음료 이상으로, 인간이 끊임없이 추구해 온 불사의 꿈을 현대적으로 실현하려는 시도를 보여줍니다. 이 음료는 특별한 재료나 비용이 들지 않으며, 누구나 쉽게 만들 수 있습니다. 과학적으로 그 효능이 완전히 입증되지 않았더라도, 불로유는 사람들에게 커다란 희망과 믿음을 주며, 많은 이들에게 신체적, 정신적 변화를 경험하게 합니다.

저는 불로유를 통해 몸과 마음의 눈에 띄는 변화를 경험하였고, 이 여정을 계속해서 이어가고자 합니다.

본좌 허경영

옛 예언에 이르길
동방 땅에 신인이 오신다
대한민국 양주 땅, 복을 품은
십승지에 뿌리내리셨네
보혜사 예수의 빛
재림의 길을 여는 그분
인류 심판주
역사에 첫발을 내딛다
전지전능한
그 능력, 하늘을 넘어
세상 모든 고통을
몸소 겪으셨네
인간을 사랑하시어
마음 아프게
세상의 아픔을
고스란히 품으셨다
그분은 각종 종교 위에 서 계시니
초종교의 빛
모든 길을 아우르리라

그 뜻, 그 빛
이제 드러나니
인류의 새 길이 열리리라
세상 모든 진리
모르는 것이 없으신 그 신인님
하늘을 넘어
모든 길을 아우르시며
진리의 빛을 비추시니
그 뜻이 드러나
인류의 새 길이 펼쳐지리라
고통받는 이들
그의 손길로 치유되며
상처 입은 마음에
평화의 숨결을 불어 넣으니
그의 능력, 하늘을 넘어
세상에 빛과 평화를 주시나니
공해 해결, 기아 해결
전쟁 방지를 위해
이 땅에 오셨고
세계 영성 황제로 오셔서
세상의 아픔을 씻어내고

새 희망을 주시리라
세상의 아픔, 고스란히 품으셨다
그의 사랑은 끝없이 깊고
그의 빛은 영원히 빛나리라
인간을 사랑하시어
마음 아프게
그의 빛은 영원히
세상에 밝혀지리라
모든 종교를 포용하시려
초종교 하늘궁을 운영하시며
재림 예수 하나님으로
인류를 위한 새 길을 제시하신다

나의 마지막 소망

내 삶은 운명적으로 여러 종교를 체험하며 이루어진 긴 여정이었다. 어린 시절 불교를 시작으로, 기독교, 여호와의 증인, 천주교, 대순진리 등 다양한 신앙을 경험했다. 마지막으로 만난 초종교 하늘궁은 내 삶의 중요한 전환점이었다. 이 여정은 단순히 신앙을 넘어서 세상의 이치를 이해하고자 하는 나의 깊은 욕망에서 비롯되었다. 성공과 실패를 통해 많은 교훈을 얻었고, 그 과정에서 나는 인내와 고통을 겪으며 자아를 찾았다. 결국 내 안에 깊은 소망을 품고, 하늘의 뜻을 따르며 나의 길을 찾아갔다.

그 여정에서 가장 중요한 순간은 하늘궁에서의 신앙 체험이었다. 하늘궁에서 허경영 신인님과의 만남은 내 삶의 마지막 퍼즐을 맞추는 순간이었다. 그 만남을 통해 모든 경험이 하나의 진리로 수렴되었고, 나는 진정한 평화를 찾았다. 내 삶의 목적을 확고히 하게 된 것은 바로 그 신앙 체험 덕분이었다.

나의 삶은 종교적 경험에 국한되지 않았다. 강원도 동해시에서 북삼초, 북평중, 북평고를 거쳐 고려대학교에 입학하고, 그 후에는 미국 Thunderbird 국제경영대학원에서 공부하며 다양한 문화와 사고를 배웠다. 교육은 나를 더 나은 인간으로 성장시켰고, 다양한 경험은 나의 시각을 넓혀 주었다. 이 모든 경험들이 나의 삶을 풍성하게 만들었다.

하지만 이 모든 경험은 나의 여정 속 한 조각에 지나지 않았다. 그 조각들이 모여 나의 삶에서 진정한 깨달음을 찾았고, 그것이 하늘의 섭리라는 사실을 알게 되었다. 하늘궁에서의 신앙 체험은 나의 삶에 가장 큰 의미였으며, 그 만남을 통해 나는 내가 찾고자 했던 나의 삶의 목적을 확고히 하게 되었다.

2021년 1월 5일은 내 인생에서 가장 잊을 수 없는 날이 되었다. 바로 허경영 신인님과의 알현을 통해 축복받았고, 2021년 1월 19일 배궁천국 명패를 받게 되었다. YouTube에서 그의 영상을 보고 단번에 그가 신인임을 알아보았다. 그것은 인생을 폭넓게 경험한 자에게 주어진 은총이라 생각한다. 나는 그 순간 심장이 멈출 것 같은 환희를 느꼈다. 나는 그 이후로 행복의 바다에 살고 있다. 과거의 불안과 고통은 더 이상 나를 지배하지 않는다. 하늘의 섭리를 알게 된 나는 내 삶을 당당하게 살아가고 있다.

내 삶에 큰 영향을 미친 또 다른 인물은 나의 대학 선배 한국정신문화원의 유광호 박사이다. 박사님은 나의 고난과 아픔을 측은한 눈빛으로 바라봐 주셨고, 성공은 함께 기뻐해 주셨다. 그분과 나눈 대화들은 내 삶에 깊은 의미를 부여했으며, 나는 그에게서 진정한 삶의 가치와 의미를 배웠다. 언젠가 그분을 만나 막걸리 한 잔을 나누고 싶다. 어디에 계시든, 내가 그분을 백궁천국으로 인도할 수 있기를 바란다.

75세에 축복을 받고, 이제 80세에 하늘의 섭리를 깨달은 것 같다. 종교적 체험은 많았지만, 내가 찾고자 했던 '똑 떨어지는 깨달음'은 결국 허경영 신인님과의 만남을 통해 얻었다. 그 만남이 나에게 진정한 행복을 안겨주었고, 나는 이제 확고한 믿음과 소망을 품고 살아가고 있다. 나의 마지막 소망은 대천사 받는 것과, 나의 조상님들, 내가 사랑하는 사람들, 그리고 내가 아는 모든 이들을 영원한 행복의 세상 백궁천국으로 인도하는 것이다. 이 책이 깊은 울림을 주기 바란다. 저의 부족한 詩와 수필이 여러분의 여정에 길잡이가 되는 작은 별이 되기를 소망한다.

하늘궁 본관